NOTICE

SUR

LE FRÈRE EDMOND

RELIGIEUX DE L'ORDRE DE SAINT-JEAN-DE-DIEU

Décédé, à Paris, le Mercredi-Saint 1846.

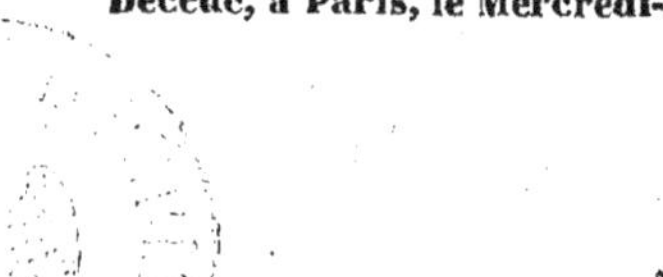

« Vous avez caché ces choses aux savants
et aux sages et vous les avez révélées aux
petits. »   (SAINT LUC, ch. x, v. 21.)

Paris

TYPOGRAPHIE DE H. VRAYET DE SURCY ET Cᵉ,

RUE DE SÈVRES, 37.

—

1846.

NOTICE

SUR

LE FRÈRE EDMOND

Religieux de l'ordre de Saint-Jean-de-Dieu

Décédé, à Paris, le Mercredi-Saint 1846.

Né le 8 septembre 1818, dans le village de Grimault, département de l'Yonne, le jeune Edme Tavaillot se trouva orphelin à l'âge de dix ans. Son parrain et sa marraine le prirent avec eux et l'occupèrent aux travaux de la campagne. Il fut admis à la première communion à l'âge de seize ans. La piété, qui commença dès-lors à se manifester en lui, et plus encore une certaine timidité

1846

de caractère lui attiraient les railleries des jeunes gens dissipés, ce qui lui donna de l'éloignement pour leur compagnie et préserva son enfance de leurs écarts.

La suite de sa vie, son retour à la pratique de la religion qu'il eut le malheur d'abandonner pendant un temps, et les grâces remarquables dont Dieu le favorisa depuis qu'il eut embrassé l'état religieux, se trouvent résumés dans un petit écrit qu'il consentit à dicter lui-même à son confesseur par déférence pour ses avis.

Il s'y exprime en ces termes :

« A vingt-et-un ans, n'ayant plus de soutien, je vins à Paris, non pas dans un but de religion, mais soit pour voir la capitale, soit dans l'espérance de trouver un travail qui m'aidât à vivre.

« A mon arrivée, n'ayant ni papiers, ni adresse, ni connaissances, je ne savais que devenir ; je courus dans Paris depuis la descente de la diligence jusqu'au coucher du soleil. Une jeune femme vint à ma rencontre près du boulevard des Invalides et me dit : — Je crois que vous êtes de la Bourgogne ; allez à telle maison, on y loge les jeunes gens en attendant qu'ils trouvent une place. Elle me donna l'adresse de cette maison ; j'y allai et y restai quelques jours. J'avais à Paris un frère et une sœur ; mais j'ignorais leur demeure. Une personne de mon pays avec laquelle je fis connaissance me l'indiqua. J'allai voir ma sœur qui me plaça chez un imprimeur pour apprendre l'imprimerie. J'y restai environ trois ans et demi. Ce fut un temps bien malheureux pour moi. Entraîné par le mauvais exemple, je ne servais pas Dieu, je me dissipais, j'allais au spectacle, je n'entendais plus la messe, j'avais abandonné la religion. Cependant quand il m'arrivait parfois de prier ou d'entrer dans une église, je me sentais attiré et porté à changer de vie; mais le moment passé je vivais comme auparavant.

« Ce triste état de mon âme dura jusqu'à ce que je tombai malade. J'allai à l'Hôtel-Dieu, et j'y restai trois mois. J'eus le bonheur de rentrer en moi-même et de me confesser; mais ma conversion ne fut bien solide que quand une rechute me ramena à l'hôpital peu de jours après ma sortie.

« C'est alors que je changeai entièrement. On faisait des instructions à la chapelle; j'y descendais, et la grâce me touchait de plus en plus. Trois jours avant Noël, je me sentis porté à faire à Dieu la promesse d'une entière conversion. Je me dis à moi-même : Il faut me donner à Dieu tout à fait. Je le fis sans réserve et avec toute l'énergie et la sincérité de mon âme; j'en éprouvai une consolation si abondante que j'en étais tout inondé. Je me sentis comme revêtu de la robe d'innocence, et je goûtai dans ce moment un bonheur inexprimable. Je communiai dans ces dispositions, le jour de Noël 1842. Ce fut une chose arrêtée que je ne pécherais plus; depuis je ne crois pas, en effet, avoir consenti avec connaissance et réflexion à aucun péché ni mortel ni véniel.

« Les médecins disant que j'étais guéri, mon frère, qui logeait chez une dame, me proposa d'y aller aussi ; je refusai d'abord et témoignai beaucoup de répugnance ; mais je cédai, et je restai chez cette dame jusqu'à mon entrée en religion, c'est-à-dire pendant cinq mois. Elle était pieuse, et la Providence s'en servit pour me faire trouver le trésor caché de l'état religieux. Un jour elle vint me dire que l'ordre des Frères de Saint-Jean-de-Dieu me convenait, que je ferais bien d'y entrer, et que la pensée de m'en faire la proposition lui était venue la nuit précédente. Mon cœur fut touché ; je ne résistai point, et elle me présenta au supérieur. Ma réception souffrit des difficultés : on objectait la faiblesse de ma constitution et une difformité des jambes. Dieu permit que le médecin de la maison, consulté à ce sujet, fut d'un avis contraire, et on me reçut.

« L'époque de mon entrée en religion fut aussi celle d'une vie plus généreuse. Dieu me fit la grâce de prendre la résolution de devenir un saint. Je me disais : Pour devenir saints, les bienheureux du paradis n'ont pas eu besoin des avantages de la naissance ; il ne leur a fallu ni talent ni fortune ; il leur a suffi de bien servir Dieu, et je puis en faire autant. Cette pensée m'excitait puissamment à m'adonner sans réserve au service de Dieu, et Notre-Seigneur n'a pas permis que cette ardeur pour ma sanctification ait jamais diminué depuis.

« Dès mon entrée, je sentis le bonheur de ma vocation

et un grand goût pour les exercices de piété. C'est surtout pour la sainte communion que je ressentais de la ferveur. Le désir de la faire plus souvent me causait une vive souffrance, et cette peine a duré jusqu'à ce que j'aie eu le bonheur de la faire six fois par semaine. J'aurais encore voulu la recevoir le septième jour.

« Dieu m'a fait la grâce de m'attirer à la mortification et aux austérités qui sont selon la règle. Le soin de me mortifier était continuel, et j'en trouvais des occasions tout le long du jour. Par exemple, pendant que je passais la nuit à veiller les malades, je me privais de m'asseoir; quand j'avais bien soif durant les repas, je supprimais la boisson, et choses semblables. Ce besoin de souffrir me suivait toujours, et il était si violent qu'il me faisait éprouver lui-même une véritable souffrance. Quand il se présentait une occasion d'offrir à Dieu quelqu'un de ces sacrifices, j'aurais eu plus de peine à l'omettre qu'à me l'imposer. C'était le souvenir habituel de Jésus souffrant qui entretenait en moi ce violent désir.

« Un jour, dans la pensée des souffrances et de l'amour de Notre-Seigneur, je pris un crucifix de métal, et l'ayant fait rougir au feu, je le pressai à nu sur ma poitrine pour me faire une plaie et porter en quelque sorte l'empreinte de Jésus crucifié. Dans une circonstance, on vint à s'apercevoir de cette blessure; mais on en a toujours ignoré la cause.

« Depuis quelque temps je ne pratique plus la mortification corporelle comme auparavant, parce qu'on me l'a défendu. Le supérieur m'ayant recommandé de m'asseoir quand je serais fatigué, de ne pas supporter la soif, et, en général, de suspendre toute austérité, j'ai supprimé toutes ces pratiques. Auparavant, le besoin de souffrir me pressait continuellement; mais on ne me défendait pas de me mortifier. Depuis qu'on me l'a défendu, je fais tranquillement l'obéissance sans inquiétude.

« Il me semble cependant que je serais heureux si Notre-Seigneur m'envoyait de grandes douleurs pendant ma maladie, en sorte que je pusse souffrir beaucoup pour son amour.

« Dieu m'a fait aussi la grâce de m'attirer à lui dans l'oraison. Je me figure en esprit que je suis avec Notre-Seigneur, que je lui baise les pieds et choses semblables. Dans ces considérations, je me trouve souvent comme perdu dans une flamme d'amour divin; j'en suis comme enivré et hors de moi-même. Dans les commencements, j'avais peine, en sortant de ces états, à me mettre au travail; et les frères, qui ne savaient pas la cause de cet embarras, l'attribuaient à un manque d'intelligence. Ces grâces me viennent ordinairement pendant les prières, ou le soir en me couchant, ou étant couché.

« La première fois que Notre-Seigneur se communiqua d'une manière plus intime à mon âme, j'en fus tout étonné et comme épouvanté. C'était une nuit en me réveillant, il y a un peu plus d'une année. Je me sentis enflammé d'un grand amour pour Notre-Seigneur; je lui baisais les pieds en esprit comme cela m'arrivait d'ordinaire et l'adorais. Mais je n'avais jamais osé jusque-là lui parler familièrement. Je l'osai cette fois et lui parlai comme à un ami. Cette grâce dura environ trois quarts d'heure; et quand elle fut passée, je me trouvai dans un profond étonnement de ce qui était arrivé.

« Quelques jours après, me trouvant à la chapelle, mon âme fut saisie par un ravissement d'amour : c'était à la fin de la méditation. J'étais entièrement absorbé, et mon corps, ce me semble, ne touchait pas à terre. Cet état dura à peu près un quart d'heure. Le mouvement d'amour pour Notre-Seigneur était comme une flamme dans laquelle il me semblait que je me perdais tout entier.

« Il y avait longtemps que je demandais à Notre-Seigneur qu'il me fît une plaie intérieure comme celle de son sacré côté. Un dimanche, à onze heures du matin, je sentis mon cœur comme percé et s'ouvrant, tandis que jusque-là je le sentais comme fermé. Dans ce moment je disais et redisais ces paroles : *Donnez-moi donc, mon Jésus, de l'eau de la vie éternelle.* Je sentis comme si Notre-Seigneur versait de son sang dans mon cœur, et ce sang l'enflamma comme si ç'eût été un feu. Depuis cette grâce, mon cœur a été sensiblement ouvert à l'amour divin; auparavant il était comme fermé. A partir de ce jour, j'éprouve comme si cette plaie de mon cœur puisait avec avidité dans le côté entr'ouvert de Jésus.

« Souvent après ces mouvements d'amour, je me sens nourri, non-seulement quant à l'âme, mais aussi quant au corps; il me semble que le corps même s'est rassasié.

« Quelquefois j'appelle la plaie du côté de Jésus mon épouse, et les plaies des pieds et des mains mes sœurs, en quoi je trouve un aliment pour le feu d'amour divin qui brûle habituellement dans mon âme.

« Un jour que je me trouvais tout hors de moi-même et comme perdu dans une de ces flammes d'amour, je dis à Notre-Seigneur : Mon Jésus, si vous faisiez sentir quelque chose de cet amour à tous les hommes, il n'y en aurait pas qui s'attachassent aux choses terrestres.

« Une autre fois Notre-Seigneur me montra son divin corps tout embrasé; il en sortait une grande quantité de flammes dont il semblait vouloir se dégager, comme si elles lui pesaient et qu'il souffrît de leur surabondance, et il me dit : Si tu savais combien j'éprouve d'amour pour les hommes; j'attends toujours que quelqu'un vienne pour partager ces flammes et presque personne ne vient.

« J'ai regardé comme une grâce précieuse ce qui m'arriva par rapport à la vertu d'obéissance vers les commencements de mon entrée en religion. Je ressentis la joie de l'obéissance comme si j'eusse savouré un fruit délicieux et qu'on m'eût dit, voilà le fruit de l'obéissance. Je goûtais ce fruit et j'y trouvais une grande douceur.

« Un jour j'ai ressenti la joie de la Sainte Vierge quand le Saint-Esprit vint en elle au moment de l'incarnation du Verbe. Il me semblait que le bonheur de la Sainte-Vierge se communiquait à moi comme par des rayons qui s'en venaient d'elle à moi, comme si la joie du Saint-Esprit qui était en elle se répandait aussi sur moi.

«Je tire du profit des images et des statues, et j'éprouve parfois un grand besoin de m'en servir pour satisfaire ma dévotion. Un soir, en allant me coucher, j'aurais voulu avoir une statue de la Sainte Vierge pour la vénérer. N'en ayant pas dans ma cellule, j'attendis que les frères fussent couchés, et je descendis au salon où il y en avait une. Comme le sentiment de confiance et d'amour filial envers la mère de Dieu et le désir de voir une de ses images avaient été très-vifs, j'éprouvai une grande consolation, et je passai là toute cette nuit en prière et dans un grand bonheur. J'ai passé deux autres fois la nuit entière auprès de la grande statue de la Sainte Vierge qui se trouve dans l'ancien oratoire au haut de la maison. Je ne pensais pas, quoique je n'eusse point permission, que cela déplût à Dieu. J'étais content d'être là. Ayant voulu embrasser l'enfant Jésus, comme la statue est fort grande, je m'appuyai sur la tête du serpent qui est aux pieds et je la brisai. Le lendemain on s'en aperçut et on demanda qui avait fait cette cassure. J'avouai que c'était moi, et on sut ainsi que j'étais allé près de la statue.

« Un jour je ressentis la douceur du saint Nom de Jésus avec une impression telle que cette grâce m'a paru une des plus marquées que j'aie reçues de la bonté divine.

« Un autre jour, me trouvant dans la crainte et la peine de ce que je n'aimais pas Notre-Seigneur comme je l'aurais voulu, je priai ce divin Maître et lui dis dans ma douleur : Mon bon Jésus ! que vous ai-je donc fait pour que vous ne me permettiez plus d'approcher de vous? Il me sembla alors qu'il me faisait signe de m'approcher; étant allé à lui, il me reçut dans ses bras; et comme je me jetais à ses pieds, il me dit : N'aie point peur, je ne t'abandonnerai jamais.

« C'est surtout dans les communions que je me sens attiré. J'ai pour pratique de les faire en me représentant Notre-Seigneur dans une des circonstances de sa passion ou de sa résurrection. Le lundi je me figure que c'est Jésus au jardin des Olives, et que je le reçois dans cet état; le mardi, je le considère au moment où il est trahi par Judas ; le mercredi, au moment de la flagellation quand il est couvert de plaies; le jeudi, lorsqu'on l'a couronné d'épines; le vendredi, quand il porte sa croix; le samedi, au moment du crucifiement; et le dimanche je vais à lui comme Madeleine qui le cherchait; je me figure que je suis dans le jardin où il lui apparut, et que je l'y reçois dans son état glorieux. Je ne communie pas toujours le samedi, mais quand je communie je le fais selon cette pratique.

« Avant cette dernière maladie, j'avais offert à Dieu

trois résolutions : 1° de ne pas reprendre les frères et de ne leur donner aucun avis, me souvenant que ce soin ne me regarde pas, et que je dois me contenter de bien faire les choses dont l'obéissance m'a donné la charge ; 2° de me laisser conduire par les frères comme ils voudraient, sans rien représenter, et de me laisser maltraiter même sans rien dire si cela arrivait ; 3° de recevoir toujours les frères avec charité et bon visage lorsqu'ils viendraient me demander quelque service, et de faire mon possible pour les satisfaire. Cette dernière promesse se rapportait à ma position d'alors ; étant employé à la cuisine les frères avaient souvent recours à moi pour diverses choses dont ils avaient besoin dans les infirmeries.

« Depuis que je suis tombé malade, j'ai ajouté à ces résolutions les trois suivantes : 1° de recevoir et de prendre sans rien dire tout ce qu'on me donnerait pour mon mal ; 2° Si on ne me donne rien pour me soulager, de ne demander rien, à moins qu'on ne me commande d'exprimer mes besoins ; 3° de recevoir, pour l'amour de Jésus-Christ, toutes les humiliations qui peuvent m'arriver pendant cette maladie et par suite de mon mal. »

Telle est la confidence que le frère Edmond crut devoir faire à son directeur peu de temps avant sa mort. Jusque-là il ne s'en était ouvert ni à ses supérieurs, ni à aucun confesseur. La crainte de résister à la volonté de Dieu, et de s'exposer à quelque illusion, put seule déterminer cette âme humble et défiante d'elle-même à passer par-dessus sa répugnance et à parler des grâces remarquables dont Dieu la favorisait. Son confesseur lui proposa d'avoir par écrit un résumé des principales, afin de s'exciter davantage à la reconnaissance et à l'amour envers Notre-Seigneur. Mais trois jours avant sa mort, cet écrit l'inquiéta : il fit appeler son directeur et lui demanda ce qu'on en ferait. Celui-ci lui ayant répondu qu'il était libre de le détruire, mais qu'il lui conseillait d'en abandonner le soin à la Providence, il se recueillit un moment et dit ensuite avec beaucoup de calme : «Eh bien! vous en ferez après ma mort ce que vous jugerez à propos. »

Depuis son entrée en religion, il fut un parfait modèle d'obéissance et de renoncement à sa propre volonté. Il ne montra aucune sollicitude, ni aucun empressement pour la prise d'habit, non plus que pour l'émission des vœux qui ne devait lui être accordée qu'après plusieurs années en sa qualité de frère convers. Il est vrai qu'il avait trouvé le moyen de compenser, en quelque sorte, ce retard, non-seulement par un vœu secret de chasteté perpétuelle, mais en s'engageant en outre à rester toute sa vie dans l'ordre, si ses supérieurs ne le renvoyaient pas.

On ne surprit jamais en lui aucun signe de répugnance ni pour les vêtements qu'on lui donnait, ni pour la maison où on l'envoyait, ni pour la cellule qu'on lui assignait, ni pour l'emploi dont on le chargeait. Dieu permit que son supérieur l'occupât aux travaux de la cuisine, sans

faire attention que son tempérament les lui rendait très-
dangereux ; il s'y porta sans rien dire, avec sa joie et son
exactitude ordinaires. Sa santé s'y altéra en effet, et il y
contracta le mal de poitrine dont il mourut. Mais quoiqu'il sentît sa santé dépérir ainsi de jour en jour, il ne
manifesta aucune peine, ni aucun désir de changement.

Un autre genre d'épreuve l'attendait dans cet emploi.
Comme au sortir de ses communications avec Dieu, son
attention avait de la peine à se reporter aux choses de la
terre, le frère cuisinier, auquel il servait d'aide, lui
faisait des reproches fréquents, le prenant pour un
homme hébété et ne se doutant pas de la cause qui sus-
pendait ainsi, pendant quelques instants, son aptitude au
travail. Le frère Edmond recevait ces réprimandes avec
une si grande satisfaction, qu'elle se manifestait au dehors
sur son visage.

Du reste, rien n'altérait jamais sa douceur. Quand i
parlait à quelqu'un, ou qu'on lui adressait la parole, il
avait le sourire sur les lèvres, et parfois on remarquait
dans ses yeux un rayonnement qu'il ne pouvait cacher,
et qui avait fait soupçonner à plusieurs le feu d'amour
divin dont son âme était embrasée.

Quoique son ardeur pour la sainte communion fût si
vive, il n'hésitait pas à s'en priver, dès qu'il croyait pra-
tiquer ainsi une plus parfaite obéissance. Le frère de veille
étant venu après minuit lui dire de boire, il accepta sans
délai, quoiqu'il se préparât à recevoir le matin le Saint-

Sacrement selon la permission qu'il en avait obtenue, et que le frère veilleur ignorait.

Il eut encore occasion d'offrir à Dieu ce pénible sacrifice une heure avant sa mort. Le supérieur étant allé le voir le mercredi saint à dix heures du soir, lui dit qu'on ne lui apporterait pas la sainte communion après minuit, à cause de ses crachements de sang qui augmentaient. Il répondit sur-le-champ qu'il se conformerait entièrement à sa volonté. On comprendra combien cette privation a dû lui être sensible, si l'on se rappelle l'ardeur de sa dévotion pour le Saint-Sacrement. On l'a quelquefois surpris se tenant derrière l'autel où repose la sainte Eucharistie et y collant ses lèvres. Lorsqu'il passait par les corridors qui avoisinent la chapelle, il faisait des génuflexions, ou bien il allait baiser le mur ou le vitrage du côté du Saint-Sacrement. On eût dit qu'une force invisible l'attirait irrésistiblement vers le corps adorable du Sauveur.

Il parlait avec beaucoup de justesse des choses de Dieu, et en avait une connaissance fort étendue. Elle ne venait pas de l'étude ni des efforts de son esprit; mais d'une lumière surnaturelle qui l'avait éclairé en peu de temps. J'ai compris, disait-il un jour à son directeur, ce mot de l'imitation : *Heureux celui que la vérité instruit par elle-même, et non par des figures et des paroles qui passent.* (Liv. I, chap. III). Il l'avait compris en l'éprouvant; ses connaissances lui étaient venues sans peine et sans aucun secours humain, par l'oraison et l'union de son esprit avec celui qui est la Vérité incréée. Il expliquait quelquefois des passages de la sainte Écriture avec beaucoup de lucidité, et il avait soin d'ajouter à la fin : « Mais vous savez tout cela bien mieux que moi.»

Son renoncement au monde ne fut pas moins exemplaire. Quoiqu'il eût des parents à Paris, il ne demanda jamais la permission d'aller les voir, et il n'en parlait même pas.

Mûr pour le ciel, il soupirait après le moment où son âme pourrait échanger l'exil pour la patrie. Tous les soirs il disait : *Vingt-quatre heures de moins! que Jésus-Christ soit loué.* Le mercredi saint, vers les dix heures du soir, il déclara à son supérieur que définitivement Dieu l'appelait à lui. Celui-ci lui donnant alors le baiser fraternel, il le reçut en disant : *Je n'en suis pas digne.* Une heure après, ayant été pris d'un crachement de sang plus abondant, il expira sans agitation ni agonie.

Dès que son corps fut exposé à la chapelle le vendredi saint, il fut l'objet d'une grande vénération. On se pressait autour pour considérer l'air de calme et de contentement qui était resté empreint sur son visage ; on lui coupait des cheveux, et on faisait toucher à sa tête et à ses mains un grand nombre d'objets.

L'abbé BOUIX.

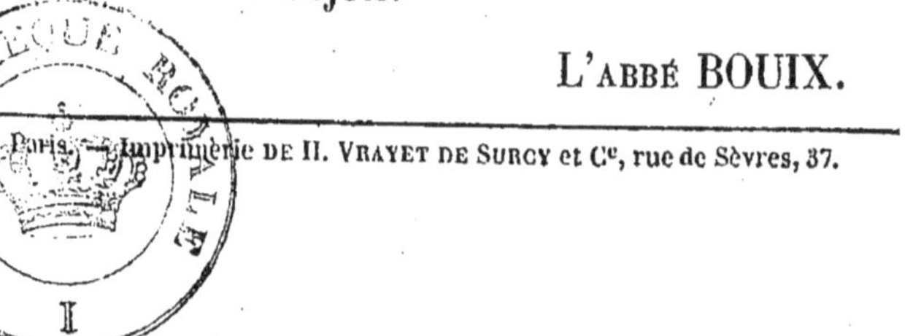

Paris. — Imprimerie DE H. VRAYET DE SURCY et Cⁱᵉ, rue de Sèvres, 37.